本书由“上海音乐学院九棵树幼儿园音乐教育合作项目”资助出版

森林演奏会

上海音乐学院奉贤区九棵树实验幼儿园
园本音乐教案集

主　编：吴佳静
副主编：翁　琦

上海音乐学院出版社
SHANGHAI CONSERVATORY OF MUSIC PRESS

图书在版编目(CIP)数据

森林演奏会：上海音乐学院奉贤区九棵树实验幼儿园园本音乐教案集 / 吴佳静主编. — 上海：上海音乐学院出版社，2023.9

ISBN 978-7-5566-0412-8

Ⅰ. ① 森… Ⅱ. ① 吴… Ⅲ. ① 音乐课—教案(教育)—教材 Ⅳ. ① G613.5

中国国家版本馆 CIP 数据核字（2023）第 167302 号

书　　名　森林演奏会——上海音乐学院奉贤区九棵树实验幼儿园园本音乐教案集
主　　编　吴佳静
副 主 编　翁　琦
责任编辑　鲍　晟
装帧设计　梁业礼
排版设计　武汉谦谦音乐工作室
出版发行　上海音乐学院出版社
地　　址　上海市汾阳路 20 号
印　　刷　上海新艺印刷有限公司
开　　本　787 × 1092　1/16
印　　张　4.5
字　　数　谱文 72 面
版　　次　2023 年 9 月第 1 版　2023 年 9 月第 1 次印刷
书　　号　ISBN 978-7-5566-0733-4/J.1708
定　　价　30.00元

上海音乐学院奉贤区九棵树实验幼儿园

园本音乐教案集

编　委　会

序

2020 年 9 月，在上海市奉贤区人民政府与上海音乐学院“区校合作”战略框架协议背景下，承载着美育思想育人理念的两所学校——上海音乐学院奉贤区九棵树实验幼儿园与上海音乐学院携手合作，共同探索新时代背景下的幼儿艺术教育。随着奉贤“新成长教育”的不断推进，九棵树实验幼儿园以园本化“奥尔夫音乐活动”为切入点，为师生积极创设更具意义的个性化成长经历。

在“幼儿发展优先”的理念下，基于幼儿兴趣、需求及年龄特点的音乐活动设计，是站在儿童立场，支持幼儿在音乐活动中感受、表现、创造美的前提。吴佳静园长带领她的研究团队积极创新，打破传统教学模式，研究设计奥尔夫音乐活动，注重让幼儿充分感受体验、乐于探索发现、积极表达表现，在“原本性教育”中促发幼儿本能表现力，启蒙幼儿对音乐的喜爱、对生活的热爱，对幼儿一生发展有益。

我们期待，本书的出版能鼓舞九棵树实验幼儿园全体教师再接再厉，也期待有更多的幼教人勇于肩负起时代重任，共同谱写奉贤区学前教育新的篇章！

上海市奉贤区教育工作党委委员
上海市奉贤区教育局副局长　陈颖婕

2023 年 4 月

目录

目录

大班

小　班

1 面包屑上的蚂蚁

教案设计：肖丹红

案例设计提要：本节课为律动活动。活动选用奥尔夫音乐中经典的儿童歌曲《七步舞》作为素材，在保留原曲旋律的基础上进行了二度创作，更加契合故事情景。蚂蚁是幼儿感兴趣的小动物，利用蚂蚁搬面包屑的故事情节，让幼儿在音乐情境中进行感受、想象和表现。本案例适用于小班幼儿。

一、教学目标

1. 感受乐曲《面包屑上的蚂蚁》，用不同的动作表现 A、B 两个乐段的变化。

2. 体验小蚂蚁搬面包屑的喜悦和快乐。

二、重点与难点

1. 感受乐曲中 A、B 两个乐段的变化，做出不同的动作。

2. 聆听 B 段乐句中的长音，做不同的“休息”动作。

三、教学准备

1. 音乐《面包屑上的蚂蚁》。

2. 白板、六面贴蚂蚁图片的纸箱等。

四、教学过程

第一部分 ▶听一听、看一看

在《面包屑上的蚂蚁》故事情境中，感受音乐形象。故事场景：

一群小蚂蚁跟着蚂蚁妈妈出门找食物。它们找到了一块大面包，想尽办法把面包分割成面包屑并搬回家……

小结：小蚂蚁搬面包屑，走走停停，终于顺利地把面包屑搬回了家。

第二部分 ▶听一听、做一做

1. 提问：面包屑太重了，搬面包屑的时候真辛苦，胳膊酸了（腰酸了、腿酸了）怎么办？

◎ 坐下来；

◎ 躺一会；

◎ 伸胳膊；

◎ 敲背。

小结：蚂蚁在休息的时候，可以伸伸胳膊、扭扭腰、敲敲腿。

2. 感受B段中的长音，每一个长音做出不同的“休息”动作。

1）提问：这块面包屑上的蚂蚁是怎么休息的？

2）听一听、做一做：面包屑上蚂蚁的休息动作。

小结：小蚂蚁越来越累了，每一次的休息时间也越来越长了，可以做做不同的休息动作。

3. 感受A乐段，模仿“搬面包屑”的动作。

1）提问：蚂蚁妈妈是怎么搬面包屑的呢？

2）听一听、走一走。

小结：蚂蚁搬面包屑的时候，稳稳地向前走，累了就休息一会。

第三部分 ▶听一听、搬一搬

1.提问：面包屑上的蚂蚁是怎么休息的？

2.完整游戏。

提示：幼儿装扮成小蚂蚁搬面包屑的时候，蚂蚁走路稳稳的。幼儿把面包屑放下的时候，模仿纸箱上贴的蚂蚁图片上的动作（图示如下）。

小结：小蚂蚁搬面包屑，不怕辛苦、不怕累，将面包屑搬回了家，真了不起！

谱 例

面包屑上的蚂蚁

丹麦传统音乐
陈 蓉 改编

2 猫抓老鼠

教案设计：钱思岚

案例设计提要：本节课为律动活动。活动以猫抓老鼠的情境贯穿，感知和体验二分音符、四分音符的时值长短，并尝试用走步的动作来表现两种音符的时值关系。本案例适用于小班幼儿。

一、教学目标

1. 感知并尝试用走步的动作表现四分音符和二分音符的时值长短。
2. 在猫抓老鼠的情境中，体验成功抓到老鼠的喜悦。

二、重点与难点

1. 尝试用走步的动作表现时值的长短。
2. 能根据音乐时值长短，有节奏地行走。

三、教学准备

1. 课件。
2. 彩虹鼓、图示、两个老鼠洞教具。

四、教学过程

第一部分 ▶听一听、看一看

1. 试一试（出示小路的图示）：瞧，小猫要去抓老鼠，可以怎么走过这条小路？

◎ 绕过去；

◎ 跳过去；

◎ 跨过去。

2. 听一听：猫妈妈是怎么走这条小路的？

3. 看一看：猫妈妈抓老鼠。

谱 例

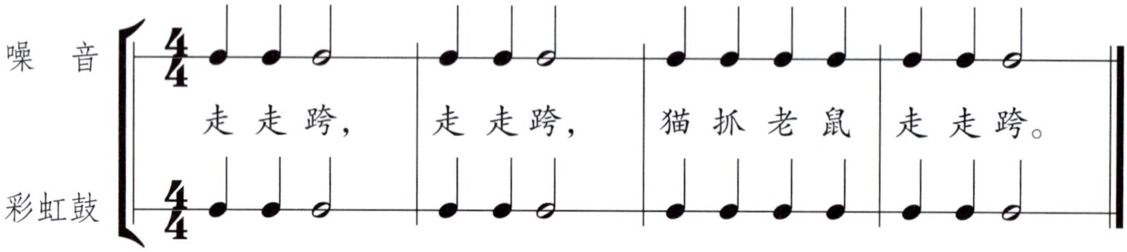

小结：猫去捉老鼠的路上有很多大石头，走走跨，走走跨，猫抓老鼠走走跨。

第二部分 ▶听一听、找一找

1. 听一听、猜一猜：谁来了？

2. 走一走：

1）教师演奏节奏型，幼儿跟着鼓点进行动作表现。

◎ “走”——敲击彩虹鼓；

◎ “跨”——敲击彩虹鼓后，手臂向外呈弧线拉伸，表示二分音符的时值。

要求：看到石头跨过去。

小结：看到石头，你的小脚抬得高才能跨过去。

2）个别幼儿表演（走走跨），并出示图示。

要求：轻轻地走，看到石头要抬高脚往前跨。

小结：跨的时候脚要抬高，还要轻轻放下，这样才不会被老鼠听到动静。

3）教师演奏节奏型，幼儿再次跟着鼓点进行动作表现。

要求：听着鼓声，看好手势信号，轻轻走，大步跨。

小结：猫抓老鼠静悄悄，小小走两步，大大跨一步，走过石头小路就能找到老鼠。

第三部分 ▶听一听、抓一抓

1. 第一次游戏

要求：听清音乐，轻轻地走，看到石头大步跨过去。

2. 第二次游戏

要求：跨的时候脚要抬得高，步子要跨得大。

小结：小猫听着音乐，走过石头小路抓到了小老鼠，真能干！

3 小鸟指挥

教案设计：吴　娜

案例设计提要：本节课为器乐活动。活动通过小鸟乐队的情境，将两种颜色的小鸟对应不同乐器，使幼儿学会看指挥信号，并用乐器演奏表现开始、停止等音乐元素。本案例适用于小班幼儿。

一、教学目标

1. 学看指挥，根据不同颜色的小鸟指挥选择对应的乐器进行演奏，并尝试表现开始与停止。

2. 体验与同伴一起演奏乐器的快乐。

二、重点与难点

1. 根据小鸟的指挥，演奏相应的打击乐器。

2. 通过乐器演奏表现开始、停止的音乐元素。

三、教学准备

1. 课件。

2. 打击乐器若干（打棒、手鼓）、红色与黄色小鸟手偶各一只。

四、教学过程

第一部分 ▶小羽毛舞蹈

教师（出示羽毛）跟随音乐进场，并介绍故事场景：

小羽毛出门找妈妈，遇到了石头、小河，还有一片森林……

小结：小羽毛经过了石头、小河、森林后，终于找到了它的妈妈。

第二部分 ▶小鸟乐队

1. 幼儿自主选择打击乐器并演奏。选择同一种打击乐器的幼儿坐在一起。

要求：小鸟出现（教师出示手偶），演奏开始；小鸟躲起来，演奏停止（无节奏型打击）。

2. 小鸟指挥。红色小鸟指挥手鼓，黄色小鸟指挥打棒。

要求：当小鸟飞起时（教师出示手偶），我们的乐器宝宝开始唱歌啦，当小鸟躲起来时（教师藏起手偶），乐器宝宝就停止演奏（无节奏型打击）。

1）一只小鸟出场；

2）两只小鸟同时出场。

小结：我们学看小鸟指挥的信号来演奏，演奏会真有趣。

第三部分 ▶小鸟表演

学做小指挥（无节奏型打击）

1）邀请一名幼儿做指挥，左手戴红色小鸟手偶，右手戴黄色小鸟手偶。

2）师幼共同做指挥，教师戴黄色小鸟手偶，幼儿戴红色小鸟手偶。

3）邀请两名幼儿做指挥，分别戴红色和黄色小鸟手偶。

小结：小鸟指挥说，你们不仅会看小指挥来演奏乐器，还会自己当小指挥，真了不起。

4 大巨人与小矮人

教案设计：范英超

案例设计提要：本课程以音乐元素——音乐强弱变化为核心，融合大巨人和小矮人主题进行律动活动。通过“听辨游戏”感受音乐强弱的变化。本案例适用于小班幼儿。

一、教学目标

1. 感受音乐的强弱变化，用肢体动作自由表现大巨人与小矮人的形象。
2. 在律动游戏中，体验与同伴一起游戏的快乐。

二、重点与难点

尝试感受音乐的强弱变化，并能用肢体动作表现出来。

三、教学准备

1. 教材准备：绘本《大巨人与小矮人》。
2. 音乐《大巨人》《小矮人》。
3. 设置森林情境。
4. 手鼓、彩虹鼓、自制打击乐器（利用奶粉罐、薯片桶等废旧材料制作而成）等若干，脚印图片若干。

四、教学过程

第一部分 ▶森林探险

1. 聆听音乐，教师和幼儿进入森林场景。（环境布置：树、石头、脚印等，并出示大巨人和小矮人图片。）

今天我们要去森林里探险啦！瞧，森林里有什么呀？脚印会是谁的？

小结：原来大大的脚印是大巨人的，小小的脚印是小矮人的。

2. 请幼儿自主表达对大巨人和小矮人的形象认识。

大巨人长什么样？小矮人长什么样？

小结：大巨人是大大的，高高的；小矮人是小小的，矮矮的。

第二部分 ▶听辨游戏

1. 聆听音乐，让幼儿跟着乐段 1《大巨人》以及乐段 2《小矮人》进行自主的律动活动 。第一次自主律动，教师语言提示：

让我们一起和大巨人、小矮人玩一玩吧！

1）播放乐段 1《大巨人》音乐。过程中教师语言提示，幼儿尝试用动作来表现大巨人形象。

听，大巨人来了……

2）播放乐段 2《小矮人》音乐。过程中教师语言提示，幼儿尝试用动作来表现小矮人形象。

这回是谁来了？小矮人出现了……

2. 聆听音乐，幼儿跟着乐段 1《大巨人》以及乐段 2《小矮人》，运用肢体表达不同的人物形象，丰富律动动作。

1）播放乐段 1《大巨人》音乐。教师带领幼儿参与游戏，表演出相应人物形象。过程中鼓励幼儿大胆表现大巨人形象。

大巨人还可能长什么样？走起路来是怎么样的？

2）播放乐段 2《小矮人》音乐。教师带领幼儿参与游戏，表演出相应人物形象。过程中鼓励幼儿大胆表现小矮人形象。

小矮人还可能长什么样？走起路来是怎么样的？

提示：大巨人可用跺脚、重重走等动作表现音乐的强；小矮人可用踮脚尖、轻轻走等动作表现音乐的弱。

3. 聆听完整音乐“乐段 1+乐段 2”，幼儿尝试听辨出不同的人物形象。

听，这次谁来啦？你觉得谁来了？请你用动作来做做。

提示：听辨强与弱。教师从幼儿的动作中观察他们是否对音乐的强弱具有听辨、表达的能力。

第三部分 ▶神秘礼物

1. 故事场景：大巨人和小矮人们还给我们准备了礼物（乐器），请你们找一下它们在哪里吧。

幼儿自主选择乐器，探索乐器音色。

什么样的声音像大巨人在走路？什么样的声音像小矮人在走路？

可以用手鼓轻轻敲发出“咚咚”的声音，代表小矮人的脚步声；用力敲发出“咚咚咚”的声音，代表大巨人的脚步声。

2. 聆听音乐，幼儿敲击自己手中的鼓。

小结：原来乐器朋友可以敲出轻轻、重重的声音。轻轻的声音像小矮人走路，重重的声音像大巨人走路！

谱例

大 巨 人

《约翰·汤普森简易钢琴教程》第二册

小 矮 人

《约翰·汤普森简易钢琴教程》第二册

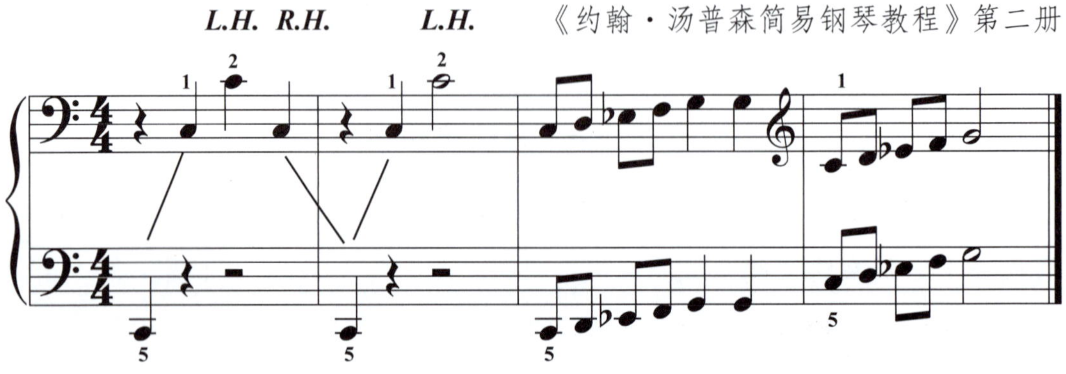

5 小熊和小蜜蜂

教案设计：路云卉

案例设计提要：本节课为律动活动。本次活动的音乐素材可选择一段快速音乐和一段慢速音乐，音乐速度对比明显，结合小班幼儿爱模仿的特点，以小熊和小蜜蜂的形象，伴随音乐快慢分别表现小熊寻找食物，又被小蜜蜂追得到处跑的情境。本案例适用于小班幼儿。

一、教学目标

1. 感知音乐速度快慢的变化，并尝试跟着音乐速度用肢体动作来表现。
2. 在小熊找蜂蜜的情境中，体验与同伴一起游戏的快乐。

二、重点与难点

1. 感知音乐速度的快慢，并尝试用肢体动作表现。
2. 用不同的肢体动作表现小熊和小蜜蜂的形象。

三、教学准备

1. 课件、音乐。
2. 蜂蜜罐道具。

四、教学过程

第一部分 ▶情境导入，激发兴趣

1. 播放音乐，教师介绍场景：

这一天，小熊起床后肚子咕噜咕噜地叫了，于是它慢慢地、轻轻地走向树林里的蜂蜜罐。蜂蜜真是又香又甜，小熊吃得正开心，都舍不得离开。这时小蜜蜂发现偷吃蜂蜜的小熊，小蜜蜂赶快飞过去蛰小熊，小熊看到气鼓鼓的小蜜蜂，赶紧快快地跑回家了。

2. 说一说：慢慢的音乐里发生了什么事情？快快的音乐里发生了什么事情？

小结：听到慢慢的音乐是小熊小心地出来找食物了，听到快快的音乐是小熊被小蜜蜂追着跑回家了。

第二部分 ▶熟悉音乐，尝试表现

1. 聆听音乐（一段慢的音乐）：慢慢的音乐里发生了什么事情？

2. 自由探索：小熊找食物的肢体动作。师幼一起模仿小熊，根据音乐节奏走一走。

出示蜂蜜罐：小熊宝宝们，我们一起去找找蜂蜜吃吧！

小结：小熊跟着音乐的速度用不同的动作去找蜂蜜。

3. 聆听音乐（一段快的音乐）：快快的音乐里发生了什么事情？

4. 自由探索：小熊逃跑的动作。

小结：听到快快的音乐，小熊为了躲小蜜蜂，赶紧跑回了家。

5. 聆听音乐（一段慢的音乐）：再次根据音乐模仿小熊的动作回家。

小结：在慢慢的音乐里，小熊用慢慢的、轻轻的脚步，小心翼翼地找蜂蜜。在快快的音乐里，小蜜蜂想蛰小熊，小熊要快快躲起来。

第三部分 ▶扮演游戏，完整表现

1. 第一次游戏

教师和一位幼儿扮演小蜜蜂（播放慢的音乐时，小蜜蜂在休息），其他幼儿扮演小熊进行游戏。

要求：听到慢慢的音乐，小熊走向蜂蜜罐；听到快快的音乐，小蜜蜂去蛰小熊，小熊赶紧跑回家躲起来。

2. 第二次游戏

幼儿小蜜蜂邀请两位幼儿一起扮演小蜜蜂，其他幼儿扮演小熊。

3. 第三次游戏

再换几位幼儿扮演小蜜蜂（可以是被蛰到的幼儿来扮演小蜜蜂），其他幼儿扮演小熊。

小结：听着音乐，小蜜蜂和小熊一起玩游戏真开心呀！我们听着慢慢的音乐，慢慢地走回家休息啦！听到快快的音乐，我们就要加快脚步。

6 鲸鱼和小鱼

教案设计：肖丹红

案例设计提要：本节课为欣赏活动。音乐素材选自奥尔夫音乐《鲸鱼和小鱼》，乐曲中有A、B两个乐段，通过聆听音乐、大胆想象、表达表现的方式帮助孩子多通道理解乐曲中两个音区高低的变化。本案例适用于小班幼儿。

一、教学目标

1. 初步欣赏乐曲《鲸鱼和小鱼》，感知A、B两个音区高低的变化，初步想象不同的音乐形象。

2. 尝试根据不同的音乐形象做出不同的动作，体验和同伴一起游戏的快乐。

二、重点与难点

1. 感知A、B两个音区高低的变化，初步想象不同的音乐形象。

2. 发挥想象，根据图示来区分音区的高低，用身体动作表现乐曲中的音乐形象。

三、教学准备

1. 课件、音乐。

2. 蓝布（约1.4米×2.5米）、贴纸、操作板（贴有海面图片的纸板）。

四、教学过程

第一部分 ▶欣赏音乐，激发兴趣

1. 教师出示海底世界的课件并介绍场景：

我们一起来到了大海里，大海里都有什么呢？

（幼儿自由想象）在海底世界中，生活着一对好朋友，它们是一条大鲸鱼和一条小鱼，它们经常一起游戏。

2. 聆听乐曲（播放完整乐曲）：听一听，谁先游出来呀？

小结：低低的音乐是鲸鱼在游，高高的音乐是小鱼在游。

第二部分 ▶感知音乐，尝试表现

1. 聆听音乐：听，是谁来了？

2. 出示海面的图片，幼儿把小鱼与鲸鱼的贴纸贴在操作板上。

小结：鲸鱼在海底游，小鱼在海面上游（如右图所示）。

3. 自由探索：幼儿根据音乐探索鲸鱼游的动作。

4. 动一动：想象鲸鱼和小鱼的形象，跟着音乐游一游。（教师利用语言和动作来表现鲸鱼和小鱼动作的高低。）

1）大鲸鱼：动作表现得低低的（如跪在地上、趴在地上等）。

2）小鱼：动作表现得高高的（如站起来，举起手来等，和大鲸鱼区分高低），另外还有跳跃的动作。

小结：鲸鱼长得大大的，游起泳来动作大大的、慢慢的；小鱼长得小小的，游起泳来动作小小的、快快的。

第三部分 ▶整体欣赏，创意表达

1. 鲸鱼游（A 段）游戏：蓝布作为海面，利用绿色的皱纹纸做海草贴在蓝布底部，幼儿扮演鲸鱼在海面下、海草中游泳。

2. 小鱼游（B 段）游戏：蓝布是海面，幼儿坐在海面上，用手表现小鱼游动。

中 班

7 小鸟乐队

教案设计：倪丹青

案例设计提要：本节课为器乐活动。以多种游戏方式呈现各种指挥的方法，引导幼儿对指挥的要求作出反应，进而学会看指挥来领会演奏开始、停止和不同变化。本案例适用于中班幼儿。

一、教学目标

1. 在乐队演奏的情境中，尝试根据不同形式的指挥演奏打击乐器。
2. 体验与同伴合作演奏的快乐。

二、重点与难点

1. 尝试根据不同形式的指挥，演奏打击乐器。
2. 看懂指挥信号，进行合作演奏。

三、教学准备

1. 手鼓、碰钟、沙锤。
2. 红、黄、蓝三色羽毛各一根。

四、教学过程

第一部分 ▶导入

1. 教师介绍场景：

森林里即将举办一场音乐盛会，小红鸟、小黄鸟、小蓝鸟想邀请你们加入它们的乐队为音乐盛会演奏。瞧，它们已经把乐器送来了，请你们选择一样喜欢的乐器。

2. 教师做指挥带领幼儿进行器乐演奏。

1）第一次游戏：幼儿跟着教师演奏打击乐器（无节奏型打击）。

① 指挥拿起乐器时幼儿跟着拿起乐器。

② 跟着指挥一起演奏打击乐器。

③ 指挥停止演奏时幼儿跟着停止演奏。

2）第二次游戏：幼儿看教师手势拿起和放下乐器。

小结：乐队表演时，要仔细地看清楚指挥的动作，才会准确又整齐地演奏。

第二部分 ▶练习

1. 教师介绍场景：

三只小鸟看到刚才的表现觉得你们很棒，但还是有些担心你们会出错，因此送来了三根分别代表着它们的红色、黄色、蓝色羽毛，并且需要你们通过考验才能加入它们的乐队。

教师将三根羽毛装入纸袋中，幼儿根据三色羽毛出现的顺序变化作出反应进行演奏（无节奏型打击）。

2. 第一关：彩色羽毛。

红色羽毛代表着手鼓，黄色羽毛代表着木鱼，蓝色羽毛代表着碰钟。当羽毛出现时相应的乐器开始演奏。

1）第一次游戏：羽毛依次抽出。

教师慢慢地将羽毛从纸袋里依次抽出，羽毛出现时，相应的乐器开始演奏，直至羽毛完全抽出纸袋时，幼儿放下手中的乐器，停止演奏。

2）第二次游戏：羽毛抛向空中。

教师依次将羽毛抛向空中，幼儿根据抛出的羽毛颜色拿起相应的乐器进行演奏。教师也可以将两根或者三根羽毛同时抛起。

3）第三次游戏：羽毛落地敲乐器。

教师同样抛起三根羽毛，但羽毛在空中时不演奏，羽毛落地时演奏。

3. 第二关：羽毛地图。

三根羽毛变一变，变成了图形考考你。

教师将三根羽毛放在地上摆成一个图形（如图）。

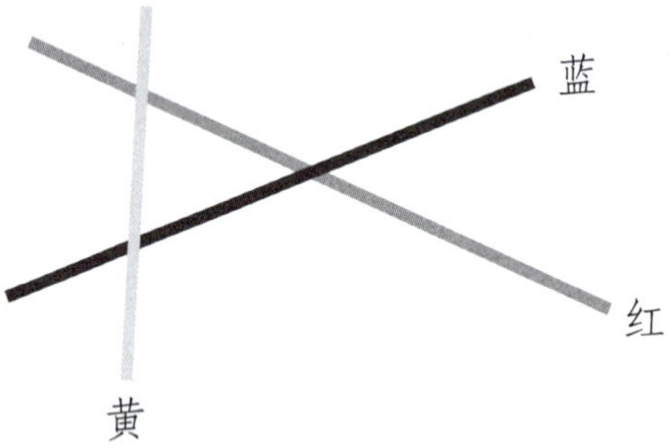

这次该怎么演奏打击乐器呢？

◎ 看图形；

◎ 指到黄色羽毛时木鱼进行演奏；

◎ 羽毛重叠在一起时相应乐器一起演奏。

小结：记住自己乐器对应的羽毛，看清楚再演奏才不会出错。

第三部分 ▶演奏

1. 教师介绍场景：

你们顺利地通过了考验，可以加入它们并参加森林音乐盛会完成演奏。

教师将三色羽毛放在地上摆成三色圈（如图）。

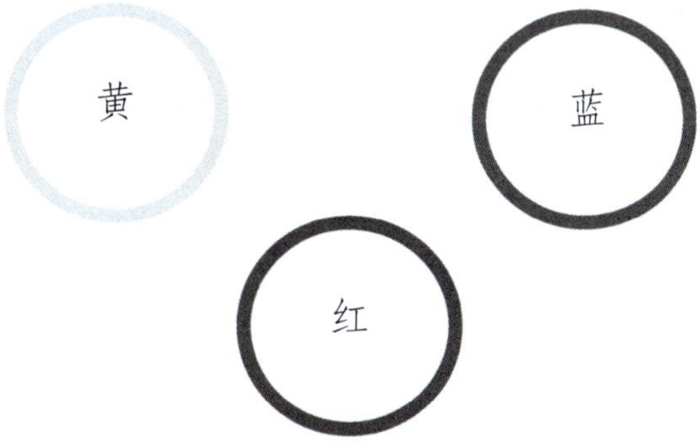

2. 教师做指挥，指挥站在哪个颜色的羽毛圈里，相应的乐器便开始演奏（无节奏型打击）。

3. 个别幼儿来做指挥，指挥站在哪个颜色的羽毛圈里，相应的乐器便开始演奏（无节奏型打击）。

8 爷爷跳舞

教案设计：费婧媛

案例设计提要： 本节课为歌唱活动。通过旋律感知、动作表现、听音模唱来体验二分音符、四分音符的时值长短。借助情境从听、跳、唱、边唱边跳四个维度，多通道感知音符的时值长短关系。本案例适用于中班幼儿。

一、教学目标

1. 在舞会的情境中学唱歌曲，并能用肢体动作表现二分音符、四分音符的时值长短。

2. 愿意在集体中歌唱，并能大胆地表演。

二、重点与难点

1. 学唱歌曲。

2. 能边唱边跳地用动作表现二分音符、四分音符的时值长短。

三、教学准备

1. 音乐。

2. 铝板琴、图示、手环。

四、教学过程

第一部分 ▶感受音乐

教师介绍场景：

我的爷爷是一位既爱唱歌又爱跳舞的老人，今天他要举办一场舞会，想邀请我们一起参加。

教师演奏铝板琴并提问。

舞会上有一首好听的歌曲，请听一听这首曲子的音乐是怎么样的。

◎ 欢快；

◎ 开心；

◎ 优美。

小结：原来爷爷跳舞的时候，音乐是缓慢又优美的，真好听。

第二部分 ▶舞会练习·跳一跳

1. 初次感受音乐与身体律动。

提问：这首曲子里你听到了什么？

◎ 短短长，短短长；

◎ 爷爷跳舞短短长。

2. 再次感受音乐，教师有节奏地念（出示图示）。

节奏谱

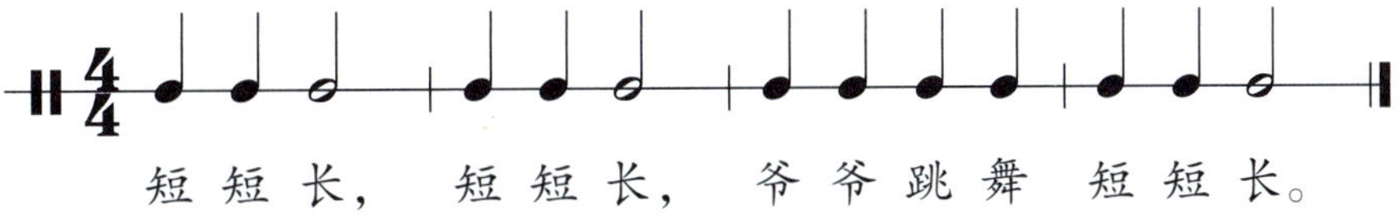

提问：爷爷跳了几次舞？

◎ 三次；

◎ 四次。

小结：爷爷的舞步是有节奏的、稳稳的。

3. 请个别幼儿尝试用手部或脚部不同幅度的动作表示短与长。

4. 请幼儿两人一组讨论，还可以用什么动作表示短与长，并且尝试表现。

小结：爷爷是在有节奏地跳舞，短短长，短短长，爷爷跳舞短短长。

第三部分 ▶舞会练习·唱一唱

谱 例

爷 爷 跳 舞

陈 蓉

1. 完整欣赏歌曲。

2. 提问：听一听，旋律中有什么特别的地方呢？

◎ 有高有低。

小结：这段旋律不仅优美、缓慢，而且就像走楼梯一样下下、上上地走。

3. 集体唱

小结：唱歌的时候嘴巴是圆圆的，唱出走楼梯下下、上上的感觉，歌声才会更动听。

第四部分 ▶参加舞会

1. 游戏：取得入场券

要求：跟着旋律，唱对歌词，跳稳舞姿，才能获得舞会入场券。

2. 舞会开始

教师介绍场景：听，爷爷舞会的音乐响起了，让我们唱起歌、跳起舞，找个朋友一起参加吧！

9 森林演奏会

教案设计：高　佳

案例设计提要： 本节课为节奏活动。在音乐情境中发现音色的不同，以森林演奏会中不同动物的具体形象引导幼儿在两种不同节奏型中探索乐器的音色，选择合适的乐器演奏相应的节奏型，从而为$\frac{2}{4}$拍的乐曲配器。本案例适用于中班幼儿。

一、教学目标

1. 在听赏、表达中理解不同的节奏型，探索并选择合适的乐器进行演奏。
2. 乐于体验并享受演奏的过程，感受节奏活动的乐趣。

二、重点与难点

1. 在听赏、表达、表现中理解并演绎不同节奏型。
2. 与同伴合作演奏。

三、教学准备

1. 音乐《森林狂想曲》。
2. 蛙鸣器、手鼓、鸟鸣笛。

四、教学过程

第一部分 ▶初步感知

聆听音乐片段（约 1 分钟）

今天我们来到了一片奇妙的森林，看！小鸟飞来了，听！大象笨重地走来了，瞧！爱热闹的青蛙也来了。

小结：我们在森林里遇到了青蛙、大象和小鸟，小动物们准备在森林里开演奏会。

第二部分 ▶探索节奏

1. 声势与节奏

这些小动物们在去演奏会的路上留下了脚印和声音，请你来试一试。

节奏 1：
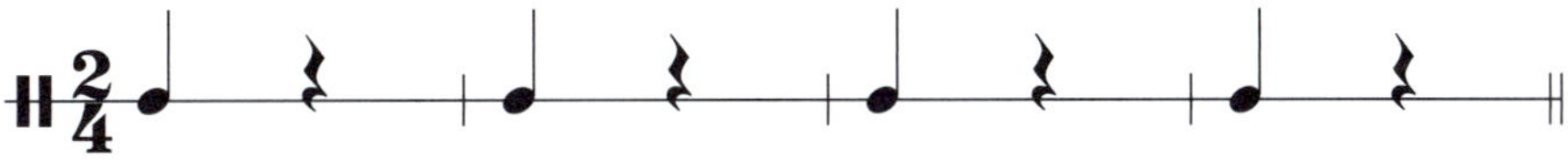

节奏 2：
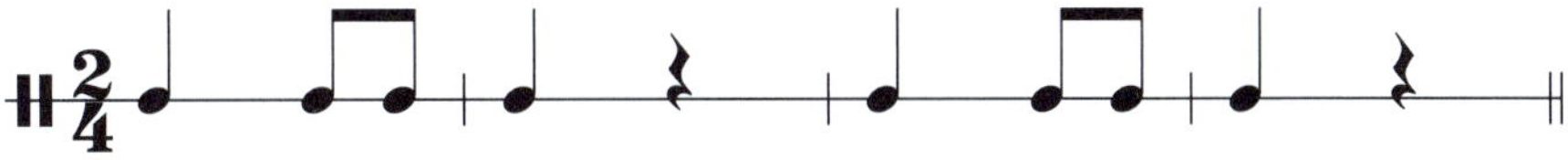

猜一猜脚印是谁的？声音又是谁的呢？为什么？

大象：
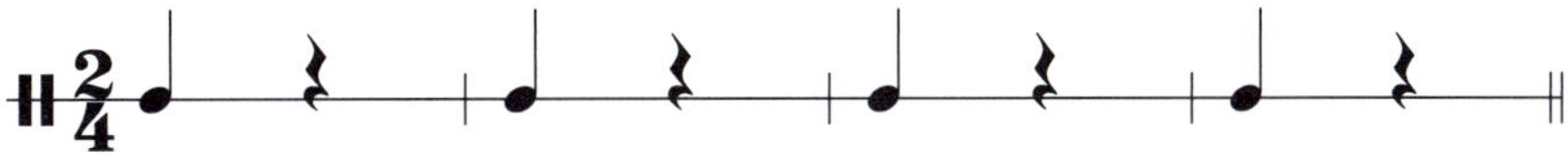

青蛙：
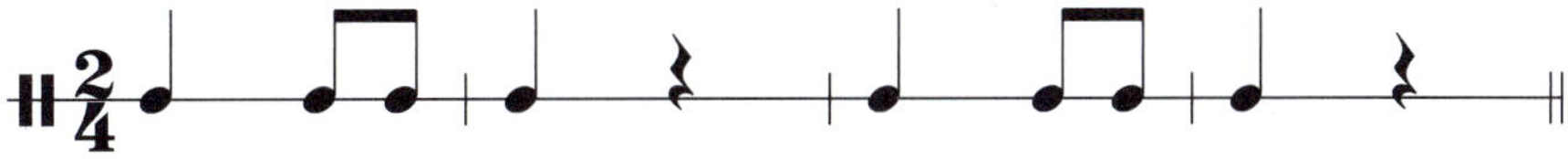

小结：大象走路重重的，青蛙叫声呱呱呱。

2. 初探乐器

出示三种乐器：讨论哪种乐器适合哪个动物形象。

大象、青蛙和小鸟都来到了演奏会现场（分别出示手鼓、蛙鸣器、鸟鸣笛），它们藏在哪里？请大家来玩一玩乐器。

◎ 大象躲在鼓里，大象走路发出的声音像鼓的声音；

◎ 青蛙躲在蛙鸣器里，声音像青蛙叫；

◎ 小鸟躲在鸟鸣笛中，小鸟唱歌的声音像鸟鸣笛的声音。

小结：不同的乐器发出的声音是不一样的，有的像大象在走路，有的像小青蛙在叫，有的像小鸟在唱歌。

3. 乐器演奏

教师播放音乐，幼儿自主选择乐器进行节奏探索。大象、青蛙的节奏型同前，小鸟无节奏型。

1）动物朋友们都到齐了，请幼儿选一种乐器去试一试（幼儿选择手鼓、蛙鸣器、鸟鸣笛中的一种乐器进行节奏练习）。

2）播放音乐片段（约 1 分钟），幼儿初次尝试合奏，根据以下顺序依次进行演奏：小鸟、大象、小青蛙。

3）幼儿第二次尝试合奏，根据以下顺序依次进行演奏：小鸟、小青蛙、大象。

第三部分 ▶完整演奏

1. 教师介绍场景：

如此热闹的演奏会，台下的观众都已经迫不及待了。就这样，一场正式的演出开始了！

2. 播放完整音乐，教师做指挥，幼儿根据教师的指挥开始或停止演奏。

小结：跟着指挥，用不同的乐器配上有规律的节奏就能顺利地完成演奏会，小动物们的演奏会真好听。

10 跟我做操

教案设计：倪丹青

案例设计提要： 本节课为歌唱活动。从感受、探索和模唱这几个步骤，建立对音高、音低的感知，并通过“跟着兔妈妈学做操”感受旋律变化以及体验不同的歌唱形式。本案例适用于中班幼儿。

一、教学目标

1. 在故事情境中，初步学唱歌曲，并尝试用不同形式进行演唱。
2. 愿意参加歌唱活动，体验与同伴一起演唱的乐趣。

二、重点与难点

1. 初步学唱歌曲。
2. 用模唱、齐唱的形式进行演唱。

三、教学准备

1. 课件。
2. 音乐《跟我做操》及图示。
3. 人手一份图示操作材料。

四、教学过程

第一部分 ▶引发兴趣，初步感受

1. 教师介绍场景：

冬天可真是一个寒冷的季节，北风呼呼吹在身上可真冷。瞧，太阳公公出来了，可是小兔子还在被窝里睡懒觉。兔妈妈说：“快起来，快起来，我的小乖乖。”“不起来，不起来，起来要冻坏。”兔妈妈笑着说：“妈妈有个好办法，能让你的身体不怕冷！”

2. 让我们一起去听听兔妈妈会有什么好办法。

第二部分 ▶熟悉旋律，自主探索

1. 聆听歌曲，理解歌词

提问：你从歌曲中听到了什么？

谱例

跟我做操

美国民歌
陈　蓉改编

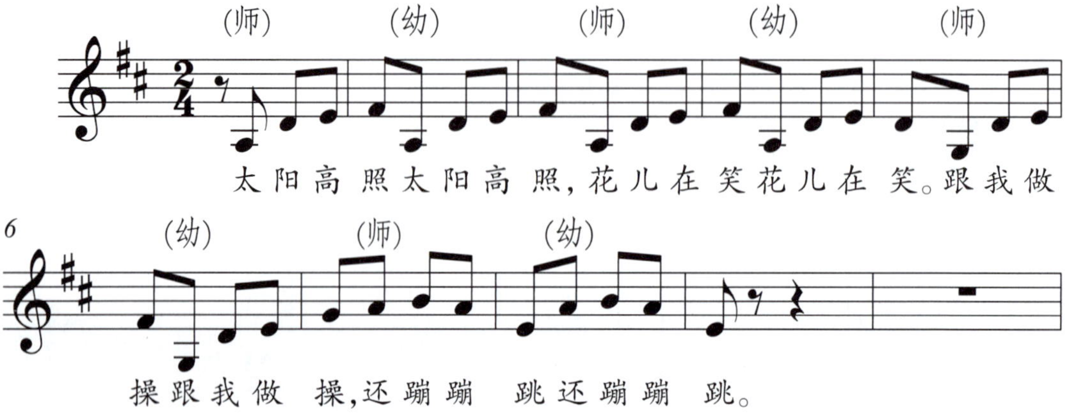
(师) (幼) (师) (幼) (师)
太阳高照太阳高照，花儿在笑花儿在笑。跟我做
6
(幼) (师) (幼)
操跟我做操，还蹦蹦跳还蹦蹦跳。

小结：你们的耳朵真灵，兔妈妈就是这样唱着歌、带着兔宝宝做操暖和起来的。

2. 自主探索

1）兔妈妈的做操歌中唱到了什么内容？

要求：听着音乐，把你听到的内容排到歌词提示卡上。

小结：你们真厉害，不仅准确地听出了歌曲内容，还把兔妈妈做操歌的顺序听清楚了。

3. 学唱歌曲

1）歌曲的前面三句有些特别之处，一起听听藏了什么小秘密（通过中音木琴的敲击引导幼儿发现前三句的旋律是上行的）：

◎ 旋律是一样的。

2）一样的旋律该怎么唱，听兔妈妈来唱一唱（教师一边敲击中音木琴一边唱）：

◎ 音越唱越高。

3）后面的几句歌词又有什么不同（教师一边敲击中音木琴一边唱）：

◎ 音有时高有时低；

◎ 最后一句越来越低。

4）师幼完整演唱。

小结：记住歌词，唱准旋律，这首做操歌真有趣！

第三部分 ▶角色扮演，巩固练习

学会了兔妈妈的做操歌，兔妈妈就要和你们玩一个好玩的游戏。

1）教师当兔妈妈，幼儿跟着唱。

① 教师当兔妈妈，幼儿当兔宝宝进行歌唱表演。

② 兔妈妈先唱，兔宝宝跟着唱，最后一起唱。

2）部分幼儿做兔妈妈，部分幼儿做兔宝宝进行歌唱表演。

小结：兔妈妈和兔宝宝唱歌的时候，兔妈妈唱一句兔宝宝重复一句，最后可以一起唱，唱歌的方式可真多。

第四部分 ▶游戏体验，大胆表现

1. 刚才我们跟着兔妈妈一起学唱了做操歌，接下来我们跟着兔妈妈一起动动身体做操吧，让我们的身体暖和起来。

提问：做操的时候我们会有哪些动作呢？

◎ 摆手；

◎ 跺脚；

◎ 向上跳。

1）模唱部分由教师和幼儿分角色进行演唱，最后一句齐唱。

2）第 10、11 小节，幼儿跟着教师做动作。

2. 提问：这次做操的动作发生了变化，看看和刚才有什么不同。

◎ 做了两个动作。

幼儿与教师共同游戏。

大班

11 小指挥

教案设计：鞠丹萍

案例设计提要：本节课为器乐活动。通过视觉、听觉、动手操作等多通道的体验，以泡泡、三色圈、音砖三种具象物品作为指挥道具，帮助幼儿学习指挥以及学习看指挥进行演奏，在玩中培养有意注意，学会演奏。本案例适用于大班幼儿。

一、教学目标

1. 在小指挥的情境中，学会看不同的指挥信号进行乐器演奏。
2. 愿意尝试各种乐器演奏，体验合作演奏的乐趣。

二、重点与难点

1. 会看各种形式的指挥信号来演奏乐器。
2. 分工进行合作演奏。

三、教学准备

1. 打棒、手鼓、三角铁。
2. 泡泡道具。
3. 绿、蓝、红三个圈。
4. 音砖。

四、教学过程

第一部分 ▶乐器大会

1. 教师介绍场景：

我们要来开一场演奏会，请每人选一种乐器（打棒、手鼓、三角铁）。

要求：

1）拿了同一种乐器的朋友坐在一起。

2）看清指挥手势，让乐器宝宝唱歌。

2. 提问：刚刚我的手势能表示什么？

◎ 停止；

◎ 声音慢慢变大；

◎ 声音慢慢变小。

小结：不同的指挥手势，提示开始与停止、渐强和渐弱。

第二部分 ▶泡泡小指挥

1. 教师介绍场景：

我们要来玩小指挥的游戏。

看看这次谁来了？（吹一个泡泡）泡泡飘在空中是怎么样的？接着呢？

◎ 像在云朵上、轻轻的；

◎ 泡泡就破了。

泡泡破掉时有声音吗？

◎ 很轻。

小结：泡泡飘在空中的时候是轻柔且慢慢的，飘着飘着，就悄悄破掉了。

游戏：

1）当泡泡飘在空中，不演奏乐器；泡泡破掉，演奏一下。

2）当泡泡飘在空中，演奏乐器；泡泡破掉，停止演奏。

2. 提问：这三种乐器，哪种适合演奏泡泡飘在空中？哪种乐器适合演奏泡泡轻轻破掉的一瞬间？

◎ 三角铁适合演奏泡泡飘；

◎ 打棒和手鼓适合演奏泡泡破掉。

游戏：当泡泡飘在空中时，演奏三角铁；当泡泡破掉时，演奏打棒和手鼓。

第三部分 ▶圈圈小指挥

1. 教师在地上摆放绿、蓝、红三个圈并介绍场景：

变变变，泡泡变成了三色圈。

要求：

1）老师身体任何一个部位碰到哪一个颜色圈，对应颜色乐器就开始演奏；

2）当老师的身体离开圈圈时，停止演奏。

第一次游戏（教师做指挥）：我刚才是怎么做指挥的？

第二次游戏（幼儿做指挥）：谁想来试试？

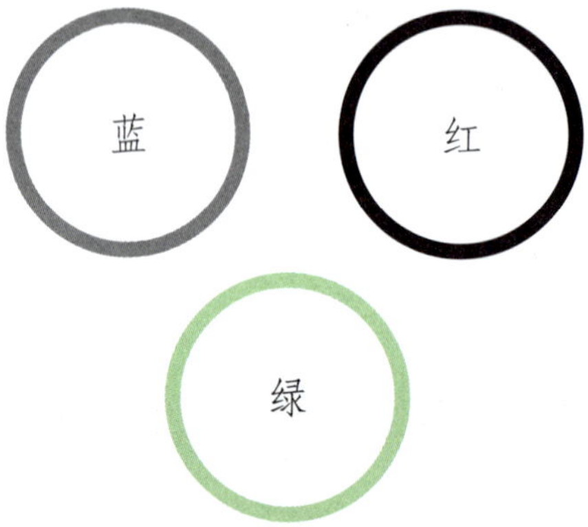

2.教师介绍场景：

这次老师还请来了音砖朋友，看看，这些音砖有什么不同？

◎ 音砖上有颜色。

第一次游戏：随机跳到某个颜色的圈里或圈外，识别幼儿对规则的理解。

第二次游戏：有节奏的肢体指挥，形成歌曲和弦。

谱例

新 年 好

英国儿歌
陈 蓉改编

新年好呀 新年好呀，祝福大家 新年好。
4
我们唱歌 我们跳舞，祝福大家新 年 好。

12 爷爷走路

教案设计：宋玉玲

案例设计提要： 本节课为律动活动。通过儿歌《爷爷走路》感受二分音符、四分音符这两种音符时值的长短，运用律动的手段来表现这两种音符时值的关系。本案例适用于大班幼儿。

一、教学目标

1. 在儿歌《爷爷走路》中，通过律动表现二分音符、四分音符的时值长短。

2. 尝试配合乐器进行表演，体验合作表演的快乐。

二、重点与难点

1. 辨别二分音符和四分音符的时值长短。

2. 听辨乐器信号，进行不同时值的动作表现。

三、教学准备

1. 课件，音乐。

2. 彩虹鼓。

四、教学过程

第一部分 ▶学一学

1. 教师介绍场景：

有一位老爷爷是文艺爱好者，爱唱歌和跳舞。听听看，他在唱什么（根据歌词节奏念）：短短长，短短长，爷爷走路，短短长。

提问：儿歌里的爷爷是怎么走路的？

◎ 短短长。

2. 教师演唱《爷爷走路》，根据歌词做出相应动作。“短”——单手在胸前轻点（表示四分音符）；“长”——单手从胸前往前伸直手臂（表示二分音符）。

谱例

爷爷走路

陈　蓉

3. 提问：这首儿歌有什么特点？

◎ 有高低音变化；

◎ 唱“长”字的时间比较长。

4. 分小组试唱，每组 2—3 名幼儿，交流讨论。

5. 集体演唱

小结：唱“短”的时候时间要少一些，唱“长”的时候时间要多一些，而唱“爷爷走路”这一句的时候声音有高有低，真好听。

第二部分 ▶走一走

1. 边念边走

1）教师用脚步表示短与长，“爷爷走路”这一句原地不动。

◎ “短”——

◎ “长”——

提问：爷爷是怎么走的？

◎ “短短长”是一共走三步，两小步、一大步地走；

◎ 走“长”的时间相当于是两个“短”的时间；

◎ 嘴脚同步，跟着节奏走，就能把动作做好。

2）全体幼儿边念儿歌边走，表现“短短长”的部分。

3）全体幼儿尝试朝不同方位行走。

2. 边唱边走

1）教师边唱边走。

2）幼儿尝试边唱边走。

小结：唱得对，走得准，你们像爷爷一样多才多艺。

第三部分 ▶听一听

1. 教师介绍场景：

爷爷年纪大了，一个人生活有些孤单，所以办了个舞会，想要邀请会唱歌跳舞的孩子去表演。

教师敲击彩虹鼓，幼儿发现规律："短"——轻敲彩虹鼓；"长"——轻敲彩虹鼓后，手臂向外呈弧线拉长，表示二分音符的时值。

2. 教师分别敲击 3 段彩虹鼓节奏型：

节奏型 1：

节奏型 2：

节奏型 3：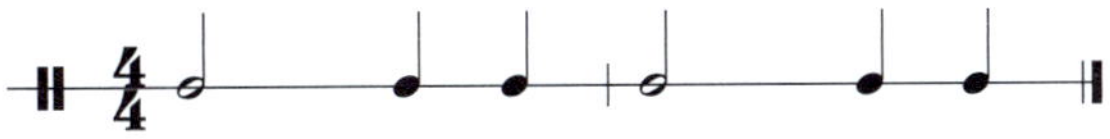

1）幼儿听辨后用"短""长"念节奏型。

2）幼儿听辨后用脚步表示短与长。

3. 提问：爷爷还能走出什么好看的舞步？

请一名幼儿尝试敲一敲。

4. 教师使用彩虹鼓，采用 A B A 回旋曲式与幼儿共同表演。

1）A 段：幼儿随钢琴伴奏边唱边走，两遍；

2）B 段：听辨节奏，并用脚步表示短与长；

3）A 段：幼儿随钢琴伴奏边唱边走，两遍。

小结：你们既会唱歌又会跳舞，爷爷一定会喜欢你们。走，我们去参加爷爷的舞会吧！

13 学做小指挥

教案设计：马玮薇

案例设计提要：本节课为器乐活动。通过视觉色彩作为指挥载体，引导孩子看指挥演奏乐器，并尝试进行指挥，以游戏的方式贯穿始终，体验合作演奏的快乐。本案例适用于大班幼儿。

一、教学目标

1. 在游戏体验中，根据指挥信号，合作演奏打击乐器。
2. 会看不同的指挥信号，体验指挥活动的乐趣。

二、重点与难点

1. 根据指挥信号，合作演奏打击乐器。
2. 尝试做小指挥，体验指挥的乐趣。

三、教学准备

1. 三种小型打击乐器（木质、金属、皮质类）。
2. 三种颜色的丝巾、呼啦圈。

四、教学过程

第一部分 ▶开始与停止

1. 教师出示木棒、手鼓、铃圈并介绍场景：

今天乐器宝宝要来唱歌了，拿上乐器试试吧！

2. 提问：什么是指挥？你在哪里见过小指挥？

3. 邀请孩子做小指挥，分别指挥三种乐器进行开始与停止的演奏。

小结：小指挥能用手势表示开始与停止，这个游戏要配合默契才能玩得好。

第二部分 ▶彩色的丝巾

1. 教师介绍场景：

老师这里有三种颜色的丝巾，红色代表手鼓、黄色代表打棒、蓝色代表铃圈。接下来小指挥的任务要交给这些丝巾。

2. 游戏

1）第一次游戏：当某一颜色的丝巾被抽出来时，相应颜色的乐器进行演奏。如果丝巾没有被完全抽出来，演奏就不能停下，直到丝巾全部被抽出，演奏才算结束。

2）第二次游戏：当丝巾飞上天时，相应颜色的乐器开始演奏，丝巾落在地上时停止演奏。

3）第三次游戏：同样抛起丝巾，丝巾飞起时不演奏，当丝巾落在地上时演奏一下。

小结：看好丝巾小指挥，指挥的时间长则演奏的时间长，指挥的时间短则演奏的时间短。

第三部分 ▶丝巾小路

1. 教师将三条不同颜色的丝巾铺在地上作为小路，并介绍场景：

现在老师手里有一根指挥棒，当指挥棒走在哪种颜色的小路上时，相对应的乐器就要演奏。

2. 游戏

1）第一次游戏，老师站在两种颜色丝巾的交叉点。

提问：是哪两种颜色交叉在一起？应该是哪两种乐器一起演奏？

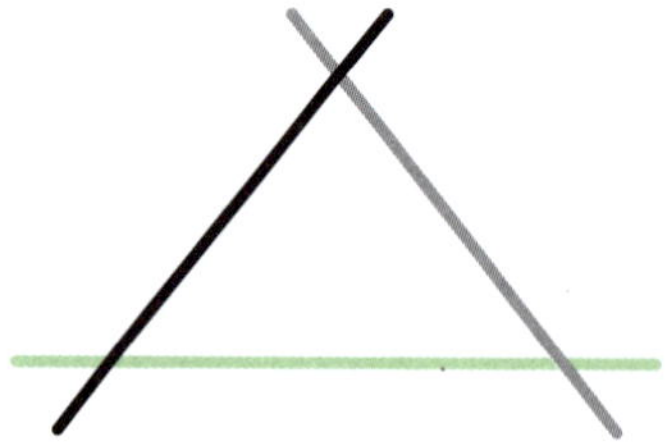

2）第二次游戏。

提问：大家看小路重新修过了，这里应该怎么演奏呢？

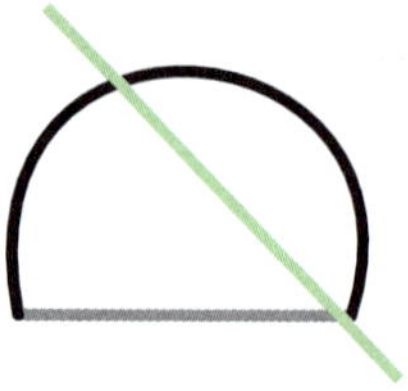

小结：到了交叉点时，几种颜色对应的乐器同时演奏。

第四部分 ▶三色圈

1. 教师将呼拉圈如下图所示摆在地面上并介绍场景：

变变变，丝巾变成了三色圈。

要求：

1）老师的身体任何一个部位出现在圈中，对应的乐器进行演奏。

2）老师的身体离开圈圈时，停止演奏。

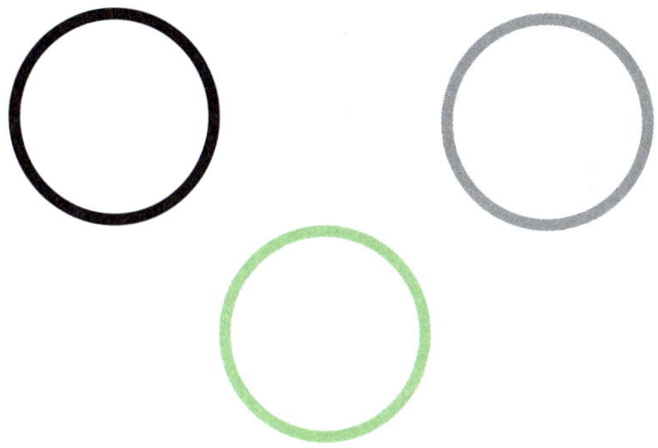

2. 提问：身体的哪些部位可以指挥？

◎ 只要身体在圈圈里，随便什么部位都可以。

提问：你们怎么进行演奏？

◎ 老师碰到哪个圈就演奏哪个乐器；

◎ 老师离开圈，演奏就停下。

3. 幼儿学做小指挥。

14 小书包

教案设计：费婧媛

案例设计提要：本节课为歌唱活动。结合“我要上小学”这一主题，使孩子们对自己今后上小学充满很多美好的向往。每天上学背书包已经成为了他们自豪的象征，因此设计了《小书包》这样的一个音乐活动，让孩子们根据节奏自由仿编歌词，并进行合作表演，感受创作过程中带给他们的快乐，并且让孩子们熟悉、了解书包里的文具用品，进而引导让他们能独立整理、保管好自己的玩具、文具用品。本案例适用于大班幼儿。

一、教学目标

1. 在熟悉歌曲《小书包》的基础上，初步尝试仿编歌词。
2. 乐意与同伴合作仿编，体验《小书包》仿编创作的快乐。

二、重点与难点

1. 熟悉歌曲，了解歌曲的节奏特点，尝试仿编歌词。
2. 掌握歌曲中歌词的节奏，进行合作仿编。

三、教学准备

1. 音乐《小书包》。
2. 学习用品图片、节奏谱。

四、教学过程

第一部分 ▶回忆歌曲

1. 播放音乐：

还记得歌曲《小书包》吗？让我们一起唱一唱吧！

2. 请幼儿教师出示打乱的歌词图示，请幼儿调整歌词顺序：

歌词有什么问题吗？谁来帮帮我？

谱 例

小 书 包

马玮薇 词
佚 名 曲

我 的 小 书 包，肚 子 大 又 大。
4
打 开 书 包 瞧，物 品 多 又 多。
8
铅 笔，橡 皮，纸 巾 水 杯 卷 笔 刀。
12
背 上 小 书 包，一 起 上 学 校。

小结：唱歌时，我们不仅要记住歌词，还要用合适的音量唱准旋律，才能让歌曲悦耳动听。

歌词、旋律我们都已经熟悉了，今天我们要来做件有趣的事儿，改编歌词让这首歌曲变得更精彩。

第二部分 ▶节奏掌握

1. 讨论

提问：那我们今天就找这首歌曲最特别的地方进行改编吧，请你们找一找，这首歌曲有什么和别的歌曲不一样的地方？

◎ 歌词有念有唱。

小结：这首歌曲将有节奏的念词融入其中。

2. 节奏练习

提问：看看，这五种学习用品在歌曲里是怎么介绍的？

◎ 有停顿。

请个别幼儿尝试（通过拍手解释对节奏型的理解），再集体尝试。

小结：歌曲里有节奏地介绍了五种学习用品。前面两种介绍一个停一下，后面三种一个接着一个介绍。

3. 动作创编

要求：在停顿的地方做一个你喜欢的动作。

请幼儿复述要求，并请个别幼儿表演。

第三部分 ▶仿编歌词

1. 提问：书包里除了放歌里唱到的这些物品，还可以放什么？

◎ 笔袋；

◎ 书本；

◎ 三角尺。

2. 引导幼儿自主创编：书包里还有很多我们需要的物品，我们可以把它们也放进歌里去。

1）初步尝试

（1）请幼儿组成四人小组并坐在一起。

（2）选取教师提供的书包里物品的图片，并将它唱进歌曲里。

（3）音乐开始，组内幼儿互相讨论并练习。教师播放音乐，巡回指导。音乐停止，练习结束。

（4）各组展示创编成果，交流分享。

（5）发现问题：把歌词唱进歌曲的时候，会有两个字和三个字的物品，节奏跟不上怎么办？

小结：小手帮忙打节拍，合着节奏念一念，及时调整物品放进书包的顺序。

2）再次尝试

交流探讨：这次在介绍的时候有什么问题吗？

3）分组展示

说一说：说说表演小组的亮点。（如动作、节奏、歌声等方面。）

小结：合作演唱要整齐又有默契，唱歌会更加好听。

第四部分 ▶完整表现

1. 完整演唱，念词的部分小组轮流介绍（教师指挥）。

小结：书包里装着我们上学需要的物品，用美妙的歌声来介绍它们可真有趣。

2. 延伸：还有许多学习用品，我们也可以把它放进书包里，你们可以去试试看。

15 快乐的跳跳糖

教案设计：龚佳敏

案例设计提要：本节课为器乐活动。音乐素材是L.斯特里鲍的《不停息的加洛普舞曲》（选段）。幼儿通过声势动作和两种无音高打击乐器表现两种节奏型，并跟随教师的图谱，聆听音乐，与同伴合作完成二声部的乐器合奏表演。本案例适用于大班幼儿。

一、教学目标

1. 根据跳跳糖的形象尝试创编动作，能跟随音乐表现两种固定节奏型（♩ ♩ 和 𝅗𝅥 ），并通过图谱尝试合奏。

2. 体验与同伴扮演跳跳糖合作演奏的快乐。

二、重点与难点

1. 了解部分乐器的名称和演奏方法，用身体打击乐或无音高打击乐器表现固定节奏型。

2. 聆听音乐，尝试看图谱合作演奏。

三、教学准备

1. 音乐：L.斯特里鲍《不停息的加洛普舞曲》（选段）。

2. 手鼓、三角铁、刮胡。

四、教学过程

第一部分 ▶倾听音乐

1. 教师介绍场景：

今天，有两位新朋友要和我们一起做游戏，它们分别是巨无霸跳跳糖和小不点跳跳糖。它们在嘴巴里跟着音乐有节奏地蹦来蹦去，之后“gu”地一下滑到胃里去了。一起来听一听，试着找一找两种跳跳糖的声音。

2. 聆听音乐，发现两种节奏型。

小结：巨无霸跳跳糖是“dong dong”，是手鼓的声音；小不点跳跳糖是“bing –”，是三角铁的声音。

谱 例

快乐的跳跳糖

L. 斯特里鲍 曲
龚佳敏 打击乐编配

6
手 鼓
三角铁
刮 胡
11
mp
手 鼓
三角铁
刮 胡
16
手 鼓
三角铁
刮 胡

第二部分　▶自由探索

1. 教师播放音乐，幼儿为跳跳糖们创编动作并跟随音乐进行律动。

提问：跳跳糖在嘴巴里会怎么跳呢？请你们给它们设计动作，来跳一跳。

2. 交流展示。2-3 位幼儿展示，并请其他幼儿模仿他们的动作。

谱　例

快乐的跳跳糖

L. 斯 特 里 鲍 曲
龚佳敏 打击乐编配

6
手 鼓
三角铁
刮 胡
小不点跳
巨无霸转圈

11
mp
手 鼓
三角铁
刮 胡
小不点跳
巨无霸转圈

1）提问：你跳的是谁的动作？它是怎么样的？

小结：巨无霸“dong dong”的声音很沉重，一共有两下，比如在地上前后跳两下；小不点“bing –”的声音感觉轻盈，可以做一个看起来长长的动作，比如在半空中划一下手。

2）提问：你怎么知道要换动作了呢？

小结：原来要仔细听音乐，听到“dong dong”做巨无霸，听到“bing –”做小不点。听到“gu”（刮胡的声音）的时候就不做动作。

第三部分 ▶游戏表现

1. 聆听音乐，幼儿跟着音乐有节奏地跳，并给两种跳跳糖分分类。

1）教师出示图谱，请幼儿说一说两种跳跳糖的声音形象。

提问：刚刚跳跳糖们都做了各种各样不同的动作，可真热闹！还有什么可以表现跳跳糖的声音呢？（教师展示图谱。）

图谱 1：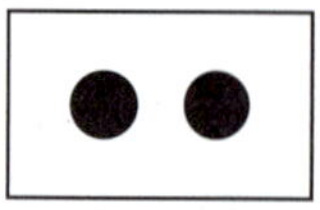　图谱 2：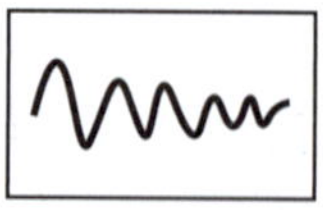

小结：除了动作，图谱也可以帮助我们知道跳跳糖的声音和它的节奏。两个圆点在一起是“dong dong”跳两下；“bing –”像一条波浪线，越来越弱，最后变成一条长线消失了。

2）幼儿根据音乐给两种跳跳糖分类，并用动作表现出来。

提问：音乐中两种跳跳糖是怎么跳的？为什么大家出现的地方不一样？

小结：原来，在音乐的后半部分，巨无霸和小不点是同时出现的，大家可以自由选择一个角色来表现。

3）幼儿听着音乐，根据图谱跳一跳巨无霸或者小不点的动作。

2. 多人分组表演。教师提醒幼儿听音乐，看着图谱，有节奏地律动。

1）请幼儿自主选择一种跳跳糖进行律动。

2）请幼儿两两结伴，分别选择不同的跳跳糖进行律动，在听到“gu”后交换角色。

3）一半幼儿扮作巨无霸跳跳糖，另一半幼儿扮作小不点跳跳糖。之后交换角色。

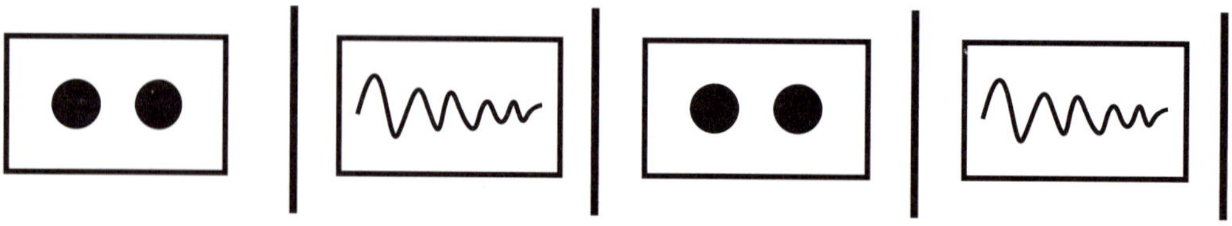

第四部分 ▶合作表演

1. 尝试乐器表演。

1）教师介绍乐器和演奏方法。

小结：用手指拍手鼓的鼓边，就像巨无霸跳跳糖在蹦蹦跳；三角铁轻轻敲，就像小不点跳跳糖在嘴巴里滑来滑去。

2）幼儿选择角色拿取乐器，看着图谱尝试有节奏地演奏。

2. 幼儿分成两组，拿取相对应的乐器。老师带领每一组幼儿回忆对应的节奏型，根据图谱演奏。

3. 幼儿分律动组和乐器组，跟随音乐同时表演。

16 小黄鸡一家

教案设计：石磊元

案例设计提要：本课程为欣赏教学。根据孩子的年龄特点选取了圣-桑的《动物狂欢节》中《公鸡和母鸡》这一曲，引导孩子欣赏音乐，在故事情境中感受音乐曲式结构的变化。在活动中，孩子们一起合作，根据音乐和同伴一起创编故事情境，并按照小黄鸡一家的出场顺序进行表演。本案例适用于大班幼儿。

一、教学目标

1. 欣赏音乐，在故事的情境中感受音乐曲式结构的变化。
2. 愿意和同伴一起创编并合作表演。

二、重点与难点

1. 感觉音乐曲式结构的变化，并和同伴一起创编故事。.
2. 与同伴进行合作表演。

三、教学准备

1. 音乐《公鸡和母鸡》、课件。
2. 小黑板、桌子、篮子、小黄鸡一家的头饰、卡通图片。

四、教学过程

第一部分 ▶猜一猜

1. 提问：今天我们来到了哪里？农场上可能会住着哪些小动物呢？

2. 聆听音乐：音乐里的乐器在模仿谁的叫声呢？

小结：今天，我们来到了小黄鸡一家做客，家里有鸡爸爸、鸡妈妈和小黄鸡宝宝们。

第一部分 ▶说一说

1. 再次聆听音乐：鸡爸爸、鸡妈妈和小黄鸡宝宝们分别是在什么时候出现的呢？他们的出场顺序是什么呢？

教师引导幼儿在小黑板上根据音乐的曲式结构将小黄鸡一家的图片进行排序。

小结：母鸡出现的时候音乐中会有“咯咯哒”的叫声，小黄鸡出现的时候音乐是一连串的、快快的，大公鸡出现的时候音乐听上去很有气势，它们在音乐中是按照顺序出场的。

2. 引导幼儿相互讨论：按照这个顺序，音乐中的小黄鸡一家可能会发生什么有趣的事情呢？

小结：这段音乐真有趣，让我们想象出了小黄鸡一家可能会发生的各种不同的趣事。

第三部分 ▶演一演

1. 表演

1）提问：母鸡可以做什么动作？小黄鸡宝宝可以做什么动作？公鸡可以做什么动作？

2）播放音乐，师幼合作表演。

3）提问：为什么公鸡、母鸡、小鸡出场的时候有点来不及呢？它们分别在什么时候就要准备出场了？

小结：我们表演的时候要仔细听音乐，上一个角色表演时的音乐快要结束的时候，我们就要作好准备，这样才能来得及表演。

2. 创编

1）播放音乐：听一听，这段音乐中的小黄鸡一家怎么了？

2）你们创编的故事真精彩，现在请你们找朋友来完整地演一演，听清楚要求：

◎ 戴好头饰后，在桌子旁边进行表演。

◎ 先商量最后可能会发生什么事情，再跟着音乐演一演！

◎ 四个朋友一组，家里需要有一位公鸡、一位母鸡和两位小黄鸡宝宝。

3）幼儿自由组合分成三组进行表演，教师巡回指导。

4）幼儿交流分享，请一组小黄鸡进行表演。

小结：我们表演的时候要根据自己的角色特征进行表演，也要把角色的心情表演出来。